ÉLOGE HISTORIQUE

DE FEU MONSEIGNEUR

Charles-Louis De SALMON-DU-CHATELLIER,

ÉVÊQUE D'ÉVREUX;

Par un de ses Grands-Vicaires.

ÉVREUX,

CANU, Imprimeur de la Préfecture, rue Chartraine.

—

1842.

ÉLOGE HISTORIQUE

DE FEU MONSEIGNEUR

CHARLES-LOUIS DE SALMON-DU-CHATELLIER,

ÉVÊQUE D'ÉVREUX.

ÉLOGE
HISTORIQUE

DE FEU MONSEIGNEUR

Charles-Louis De SALMON-DU-CHATELLIER,

ÉVÊQUE D'ÉVREUX;

Par un de ses Grands-Vicaires.

ÉVREUX,
CANU, IMPRIMEUR DE LA PRÉFECTURE, RUE CHARTRAINE.

1842.

PRÉFACE.

On pourra s'étonner de la publication tardive de ce petit écrit, plus d'une année s'étant écoulée depuis la mort du vénérable Prélat qui en est l'objet. Mais d'abord nous n'avions pas eu le projet d'écrire, nous nous contentions de nourrir en nous-même le souvenir des vertus modestes dont nous avions été long-temps et continuellement témoin. Une bouche plus éloquente que la nôtre avait été chargée de raconter les vertus du Prélat dans l'assemblée des fidèles. Ce devoir n'ayant pas été rempli au service qui fut célébré le trentième jour après le décès, nous espérions du moins que cette omission serait réparée au service anniversaire. Elle ne le fut pas, nous

n'en connaissons pas la cause ; mais ce silence, i[n]
coutumé en pareille circonstance, nous inspir[a la]
pensée de mettre sur le papier ce que nous con[ce]vions dans notre cœur, pour le communique[r à]
quelques amis, qui partagent en tout nos sentime[nts,]
bien résolu d'ailleurs de ne pas le rendre pu[blic.]
Nous n'avons pas eu la prétention de faire une o[rai]son funèbre, ni un panégyrique ; nous avons s[eu]lement rapporté ce que nous avons vu, ce que n[ous]
avons appris du Prélat même : c'était un homm[age]
que nous devions à sa mémoire, pour reconnaître [la]
confiance, je pourrais dire l'amitié dont il nous h[o]nora pendant les dix-neuf années que nous avons pa[s]sées auprès de lui. Une copie de cet écrit était de[s]tinée à chacune des branches de sa famille, c'était
sa seule destination ; mais des instances pressantes [et]
réitérées nous ont arraché, plutôt qu'elles n'ont ob[]tenu de nous, la promesse de le livrer à l'impres[]sion. Nous cédons non sans peine à ces exigences [de]
l'amitié, qui du reste n'ont d'autre motif que [de]
conserver le souvenir d'un Prélat qui, à l'exemp[le]
de son divin maître, a passé en ce monde en faisa[nt]
le bien.

ÉLOGE HISTORIQUE

DE FEU MONSEIGNEUR

Charles-Louis De SALMON-DU-CHATELLIER,

ÉVÊQUE D'ÉVREUX.

Erat vir ille simplex, et rectus, ac timens Deum et recedens à malo. Job. 1. 1.

« C'était un homme sans dissimulation, droit, crai-
» gnant Dieu et s'éloignant du mal. »

Tel est l'éloge que l'Esprit-Saint fait, en peu de mots, du saint patriarche Job, et il vaut mieux que les plus longs et les plus éloquents panégyriques qui puissent sortir de la bouche de l'homme. Dieu ne flatte pas, son langage est celui de la vérité, la vérité est son essence, les vertus qu'il loue sont celles qui méritent d'être louées, et nous

ne voyons pas ce qu'on pourrait demander de plu[s]
caractériser un ami de Dieu, un homme juste deva[nt]
et devant les hommes, que les qualités qu'il re[connaît]
dans ce patriarche de l'antiquité, qui, de siècle en [siècle]
a fait l'admiration de tous ceux qui ont connu s[es]
mœurs simples et sans dissimulation, conduite [
ferme, sans tergiversation, crainte de Dieu accomp[agnée]
des œuvres de la foi, éloignement du mal et de tout [ce qui]
peut déplaire à Dieu. Voilà Job peint par Dieu. [Erat]
vir ille.....

Ce portrait ne nous retrace-t-il pas bien fidèlement [le vé]-
nérable Prélat dont la perte a été si vivement sentie,
la mort si édifiante a fait couler si abondammer [de]
larmes ? Ne dirait-on pas que c'était lui que l'Esprit-[Saint]
avait en vue lorsqu'il prononçait les paroles de mon te[xte?]
Vous l'avez tous connu; pendant dix-neuf années il a [vécu]
au milieu de vous, et vous avez pu apprécier ses ve[rtus.]
Vous êtes à même de juger s'il a mérité ce touchant é[loge]
de l'Esprit-Saint : C'était un homme sans dissimula[tion,]
d'une conduite sans tergiversation, rempli de la crain[te de]
Dieu et craignant par-dessus tout le grand mal qui élo[igne]
de lui. *Erat vir ille*.....

Oui, nous pouvons le dire sans crainte d'être dém[entis]
par aucun de vous, et nous pourrions au besoin en app[eler]
au témoignage de tous ceux qui l'ont connu pendant [sa]
longue et honorable carrière ; ils ne refuseraient d'[ap]-
puyer notre langage, parce qu'il est celui de la vérité [et]
non de la flatterie. Ce Prélat se montra dans toutes [les]
circonstances tel que l'Esprit-Saint se plaît à dépeindre

triarche Job. Dans la mauvaise comme dans la bonne
[for]tune, dans l'adversité comme dans la prospérité, dans
[la] retraite comme dans les honneurs, sur le lit de douleur
[co]mme dans la santé la plus florissante, au moment de la
[m]ort comme pendant sa vie, on pourra toujours dire
[qu]'il fut vraiment cet homme désigné par Dieu lui-même
[c]omme éloigné de toute dissimulation, de toute tergiversa-
[ti]on, plein de la crainte de Dieu et d'éloignement du
[m]al. *Erat ille vir simplex.....*

Nous allons donc le considérer dans les principales
[é]poques de sa vie, et nous le verrons avant son épiscopat,
[p]endant son épiscopat, et pendant la maladie qui l'a conduit
[a]u tombeau, nous donner des preuves abondantes de ce
[q]ue je viens d'avancer.

Oui, tel fut dans toutes les circonstances de sa vie, illus-
trissime et révérendissime père en Dieu monseigneur
Charles-Louis DE SALMON-DU-CHATELLIER, évêque d'E-
vreux, Comte et Pair de France.

Né dans une de ces anciennes familles où la foi et l'honneur étaient héréditaires, son père, M. le marquis de
Salmon-du-Châtellier, dont la loyauté, la probité et la
noblesse de caractère faisaient l'admiration du Vendômois,
sa province, lui transmit de bonne heure ce précieux héri-
tage, et jamais leçons ne furent reçues avec plus de fruit. Le
jeune de Salmon se montra, dès ses premières années,
digne en tout d'appartenir à sa noble famille. Destiné de
bonne heure à l'état ecclésiastique, il fit ses premières
études avec beaucoup de distinction au collège de Vendôme,

et y remporta constamment des prix qui attestaie[...]
ses succès qu'ils ne flattaient son amour-propre[...]
d'une rectitude de jugement rare, il saisissait to[...]
l'état d'une question sous son vrai jour; aussi les [...]
qu'il a laissés sont-ils des chefs-d'œuvres de pr[...]
et de raisonnement, et la difficulté qu'il éprouvait [...]
nairement à s'énoncer, lorsqu'il n'était pas prépa[...]
venait que de la crainte de le faire d'une manièr[...]
n'eût pas été convenable.

Ses études théologiques faites au séminaire de S[...]
Sulpice, où se trouvèrent toujours des maîtres aussi [...]
près à former le cœur à la vertu que l'esprit aux sci[...]
ecclésiastiques, il entra dans la maison de Navarre [...]
sa licence en Sorbonne, cette école qui a fait pendant [...]
siècles l'honneur et l'orgueil de la France, où le dépô[...]
la vérité était si fidèlement gardé, où se formèrent tar[...]
savants prélats qui conservèrent au milieu de nous l[...]
seignement apostolique et rendirent l'église des Gaule[...]
plus belle, la plus savante portion de l'église catholic[...]
Hélas ! cette savante école devait bientôt disparaître a[...]
l'église de France dont elle était le boulevard ; la temp[...]
qui allait fondre sur notre malheureuse patrie, et en fa[...]
un monceau de ruines, se formait déjà, et ne laissa que p[...]
de temps à l'abbé du Châtellier pour utiliser les tale[...]
qu'il avait cultivés avec soin et avec succès.

En sortant de licence, il reçut des lettres de grand-vica[...]
de son évêque, monseigneur l'Evêque du Mans, qu[...]
voulant assurer à son église un sujet si distingué, lui ava[...]
déjà donné un canonicat dans sa cathédrale. Ce f[...]

que la révolution l'atteignit ; mais elle le trouva, et
[com]me prêtre, et comme gentilhomme, tout disposé à
[rem]plir ses devoirs. Enfant soumis de l'église, il n'aurait,
[po]ur l'univers entier, rompu l'unité catholique ; il con[na]issait trop ce qu'il devait à l'église de Rome, centre de
[cet]te unité, et au pontife, suprême modérateur et chef de
[l'é]glise universelle, pour approuver une constitution schis[m]atique ; il leur demeura fidèle, il n'en pouvait être
[au]trement. Sujet fidèle, et, par la classe à laquelle il appar[te]nait, noble soutien du trône, il dut fuir un pays où
[l'a]narchie s'emparait du pouvoir, détrônait son roi, et
[al]lait bientôt s'abreuver de son sang!... Il quitta la France
[a]vec sa famille en même temps que l'élite de la noblesse,
[et] alla demander l'hospitalité dans une terre étrangère, au
[m]oment où la sienne commençait à dévorer ses habitants.
[A]près avoir passé quelque temps dans les Pays-Bas, à la
[p]orte de la France, dans l'espoir que la tourmente s'a[p]aiserait, il fut bientôt détrompé, et fut alors se fixer en
[A]ngleterre, où un nombre considérable de prélats et de
[p]rêtres français l'avaient déjà précédé.

Là, riche de sa fidélité à son Dieu et à son roi, il vécut
dans une honorable mais complète pauvreté. Le gouvernement révolutionnaire avait vendu tous les biens de
sa famille, sans même en excepter le mobilier, et s'était
emparé d'une bibliothèque choisie que son père, ami des
lettres, avait complétée ; mais cette perte, immense pour
cette famille, puisqu'elle comprenait tout ce qu'elle possédait, la trouva impassible, et ne lui fit pas regretter la ligne
qu'elle avait suivie. C'était la seconde fois que son atta-

chement à son souverain légitime lui coûtait to[...]
bien(¹); elle y eût ajouté volontiers le sacrifice de sa [...]
à ce prix, elle eût pu empêcher le malheur de sa [...]
Mais non, la Providence en avait ordonné autreme[nt...]
France avait abusé de trop de grâces pour n'êt[re...]
châtiée sévèrement, elle s'était rendue trop coupabl[e...]
que la patience de Dieu ne se lassât pas de la supp[...]
Elle parut vouloir secouer le joug de Dieu, si doux pou[r...]
et source de tant de bonheur ; elle égorgea ses min[istres...]
et renversa ses autels ; et pour que rien ne manquât [à ses]
crimes, elle immola son roi et avec lui ce que le roy[aume]
comptait de plus vertueux ; et vous savez par quelle [suite]
de malheurs elle a, jusqu'à ce jour, payé ses for[faits.]
Mais ne rouvrons pas des plaies qui ne sont pas en[core]
entièrement cicatrisées, et adorons la justice de Dieu [qui]
n'a besoin, pour punir l'homme, que de l'abandonn[er à]
lui-même.

Pendant ces temps malheureux, et dont le souveni[r ne]
s'effacera que bien difficilement, M. l'abbé du Châte[let]
utilisait ses loisirs. L'étude approfondie qu'il avait fait[e de]
la religion le mit à même de la bien faire connaître à [ses]
compatriotes exilés. Il se livra au ministère de la prédi[ca-]
tion pour lequel il avait un talent remarquable. Vous a[vez]
pu en juger vous-mêmes, vous l'avez entendu vous ann[on-]
cer d'une manière bien digne et bien noble les mystères [...]

(¹) Les biens de cette famille, restée fidèle à son souverain [lé-]
gitime, Charles VII, furent confisqués par le duc de Bedfort, [ré-]
gent pour Henri VI, roi d'Angleterre, dont le père avait env[ahi]
une partie de la France au commencement du XVᵉ siècle.

…aume de Dieu; lorsqu'il avait traité un sujet, on pou…
…t dire qu'il l'avait épuisé.

Mais il devait un autre service à ses compatriotes, et il leur rendit avec un dévouement vraiment admirable. …près les jours d'anarchie étaient venus ceux du sabre ; un …errier fameux s'était emparé du gouvernement, et portait … terreur d'un bout de l'Europe à l'autre ; la victoire sui…ait ses pas, et tous les souverains tremblaient devant lui: …ne seule nation put lui résister, séparée qu'elle était de la …rance par une barrière infranchissable, c'est l'Angleterre. …eaucoup de prisonniers français se trouvèrent entassés …ans cette île, une prison fut établie à Norman-Cross, et ils … furent renfermés ; mais si leur position physique et ma-…érielle les rendait bien dignes de compassion, un intérêt …'un ordre tout autrement important faisait fixer sur eux …es yeux de la charité : ils étaient privés de tous secours religieux ; ils recevaient encore le pain matériel, mais leurs âmes y périssaient sans ressources. Cette affreuse situation excita le zèle de quelques ecclésiastiques français. M. l'abbé du Châtellier fut de ce nombre. Malgré sa pauvreté, son grand esprit d'ordre et ses goûts simples lui permirent de faire quelques économies avec lesquelles il se rendit à Norman-Cross ; car ce n'eût pas été assez d'y aller sans aucun espoir de récompense, il fallait encore procurer des secours à ces malheureux qui étaient dans une détresse affligeante, et nous l'avons entendu bien des fois nous raconter dans l'intimité le bonheur qu'il éprouvait à remplir ce ministère de charité envers des compatriotes malheureux, dont il ramena plusieurs à la pratique de la religion : il eut aussi la

consolation d'en procurer les secours à un certain no[mbre]
au moment de la mort.

C'est ainsi qu'il s'occupa constamment à rendre u[tile à]
la religion un long exil de vingt-deux ans, lorsqu'enfin [Dieu]
jeta un regard de pitié sur la France. Il l'avait longue[ment]
châtiée par l'anarchie et le despotisme lorsqu'il lui ren[dit]
avec ses princes légitimes, la paix et le bonheur qu'elle a[vait]
perdus avec eux, et qu'elle ne devait retrouver qu'avec [eux.]
Ils avaient connu dans l'exil l'abbé du Châtellier, ils ava[ient]
su apprécier ses rares qualités, ils crurent devoir se l['at]-
tacher, il fut fait aumônier de Monsieur, comte d'Ar[tois.]
Jamais serviteur plus fidèle, d'un caractère plus loyal, [ne]
servit un prince plus franc et plus loyal; ils éta[ient]
vraiment faits l'un pour l'autre, mais cette posi[tion]
n'était que provisoire, le roi avait d'autres vues [sur]
lui, et dès qu'il eut réglé avec le souverain pontife la n[ou]-
velle organisation de l'Eglise de France, il le nomma à l'[é]-
vêché de Laon, dont le rétablissement était décidé. Il [fut]
préconisé pour ce siège qui, par des circonstances que [le]
temps ne me permet pas de vous expliquer, ne fut pas réo[r]-
ganisé. Ce contre-temps, qui eût fortement contrarié to[ut]
autre que M. du Châtellier, le réjouissait; les honneurs a[t]-
tachés à l'épiscopat ne le lui faisaient pas désirer; il [en]
connaissait les charges, il savait combien elles sont redo[u]-
tables, il comprenait combien est grande la responsabili[té]
qui pèse sur le premier pasteur, et quel compte rigoure[ux]
doit lui être demandé du nombreux troupeau confié à [sa]
sollicitude: mais la Providence, qui le destinait à cette ém[i]-
nente dignité, ne permit pas que sa modestie privât tou[]-
jours son église de l'expérience qu'il avait acquise dan[s]

[...] longue adversité; sa sagesse devait guider nos pas, sa [pru]dence opérer le bien parmi nous, et l'église d'Evreux [all]ait inscrire, à la suite d'un grand nombre de prélats, [dis]tingués par leur science et leurs vertus, le nom de [M]gr de Salmon-du-Châtellier. Suivons-le dans cette seconde [pé]riode de sa vie, et nous verrons se développer ces ver[tu]s qu'il avait acquises à l'école du malheur pendant un [lo]ng exil.

L'épiscopat fut dans tous les temps l'objet de la crainte [d]e ceux qui en étaient le plus dignes. On sait ce que fit saint [A]mbroise pour s'y soustraire, et combien de prêtres ver[t]ueux, même dans ces derniers temps, déclinèrent cet hon[n]eur. Il faut, pour le désirer, ou une ignorance profonde [d]es devoirs qu'il impose, ou une ambition et une présomp[t]ion qui en devraient exclure ceux même qui ont le plus [d]e talents. Mgr du Châtellier comprenait parfaitement cette vérité, et il eût voulu rester toute sa vie au second rang parmi le clergé; mais contraint de prendre entre ses mains le bâton pastoral, il se réjouissait du moins de n'avoir à conduire dans les voies difficiles du salut que des peuples pauvres, simples, mais dociles à la foi, éloignés du foyer de corruption qui perd la capitale et tout ce qui a le malheur de l'approcher. Il avait été nommé en 1821 à l'évêché de Mende, ses informations avaient été faites, il avait même reçu l'avis de l'arrivée de ses bulles et l'invitation de se préparer à son sacre, lorsqu'on s'aperçut qu'on s'était trompé. Un oubli, ou involontaire, ou volontaire, avait fait laisser ses informations dans les cartons du ministre chargé de les

envoyer à Rome ; mais l'évêché d'Evreux venait de p
son vénérable prélat Mgr Bourlier, qui, appelé, dar
âge déjà bien avancé, à le relever de ses ruines et à
cueillir les pierres dispersées du sanctuaire, l'avait ce
dant encore gouverné pendant dix-neuf ans dans des
constances bien difficiles, mais sans pouvoir y opérer
le bien qui était dans son cœur, et Mgr du Châtellie
aussitôt destiné à lui succéder. Pendant plusieurs jou
lutta contre ce changement, et certes on ne pouva
soupçonner d'ambition dans ce refus; mais comme il n'c
pas institué pour le siège de Mende, il fut enfin contr
de céder aux instances réitérées qui lui furent faites, d
part du Roi, par les prélats chargés et honorés de sa c
fiance : il se soumit, et bien des fois nous l'avons ente
regretter que cet enchaînement de circonstances l'eût
levé à une église à laquelle il avait déjà donné ses aff
tions. La nôtre devait y gagner, et nous n'avons pu qu
bénir la divine Providence, qui souvent se sert de circo
tances, en apparence indifférentes, pour parvenir à ses fi

Il vint donc à Evreux, où il trouva plus d'une difficu
à vaincre, un grand nombre d'églises privées de paste
et peu d'élèves se disposant à les remplir : il sentit qu'
milieu de tant et de si grands embarras, il avait besoin
secours de Dieu; aussi son premier soin fut-il de dema
der au Chapitre le rétablissement de l'office public, auta
du moins que les circonstances le permettaient. Sa deman
fut accueillie avec empressement et à l'unanimité; l
chanoines, tous vieillards cependant, un seul excepté, s'e
gagèrent à chanter la messe et les vêpres tous les jours,

[office] complet toutes les fêtes solennelles, et dans toutes [les] circonstances ils se firent un bonheur d'entrer dans ses [vues]: mais aussi il faut bien reconnaître que le prélat ne [v]oulut rien changer à leurs usages, même sous prétexte [d']amélioration; et quand, quelques années plus tard, le [dé]faut de livres liturgiques le força de faire à ses frais, et [à] ses risques et périls, une nouvelle édition de toute la li[tu]rgie du diocèse, il conserva l'ancienne avec respect, et [n]'y fit les additions devenues nécessaires qu'après s'être en[te]ndu à cet égard avec son chapitre, et toujours en suivant [le]s usages et les rubriques de son église ; aussi l'harmonie [l]a plus parfaite régnait-elle entre le premier pasteur et les [m]embres de son clergé.

Sans doute son cœur de premier pasteur eut beaucoup à souffrir en voyant tant de paroisses abandonnées depuis long-temps, et tant d'autres que le grand âge des prêtres qui les gouvernaient allait bientôt soumettre au même malheur. Des demandes réitérées lui arrivaient de tous les points du diocèse sans qu'il pût y faire droit. Loin de là, il crut nécessaire de prendre une mesure qui, pendant plusieurs années, allait augmenter ce mal d'une manière effrayante ; mais après avoir bien examiné la chose devant Dieu, et l'avoir pesée dans la balance du sanctuaire, il prit son parti, croyant que la religion y gagnerait beaucoup, quoiqu'elle dût en souffrir momentanément. L'administration qui l'avait précédé avait cru que le grand nombre de paroisses qui se trouvaient sans prêtres était une raison suffisante d'abréger les études des aspirants au sacerdoce: afin de remédier plus promptement au mal des va-

cances qui s'augmentait chaque jour, Mgr du Châ[tellier]
pensa le contraire, et, dès qu'il eut pris connaissa[nce]
l'état des choses, il statua que nul ne serait admis [au sa]
cerdoce sans avoir fait son cours complet d'humanité[s, de]
philosophie et de théologie. Cette mesure, en reta[rdant]
beaucoup d'ordinations, les rendit rares, et multipl[ia les]
vides du diocèse; mais, après cinq ou six ans de [souf]
frances, il eut la consolation de voir ses paroisses se [rem]
plir de sujets plus capables, et qui avaient eu plus de t[emps]
pour se former à l'esprit ecclésiastique : il en résult[a un]
avantage réel pour le diocèse, qui ne put qu'applau[dir à]
la sagesse de cette mesure.

Mais pour parvenir à éteindre tant de vacances qu[e la]
mort ne pouvait que multiplier chaque jour, il senti[t la]
nécessité d'établir un petit séminaire : il n'y en avait [et]
les jeunes gens qui faisaient leurs humanités étaient [en]
tassés dans le grand séminaire avec les élèves de philo[so]
phie et de théologie; les plus grands inconvénients en [ré]
sultaient, le moindre était de n'en pouvoir augmente[r le]
nombre. Peu d'années auparavant une maladie épidémi[que]
qui avait enlevé un certain nombre d'élèves, et que les [mé]
decins ne purent attribuer qu'à l'encombrement de la m[ai]
son qu'ils habitaient, ajoutait un nouveau motif au bes[oin]
de séparer entièrement les deux établissements. Mgr [du]
Châtellier forma dès lors le projet qu'il ne tarda pas à e[xé]
cuter. Il n'avait aucunes ressources pour faire face à u[ne]
telle entreprise ; le gouvernement, tout en approuvant [les]
petits séminaires, ne leur accordait aucun secours : le co[n]
seil général du département, très-bien disposé alors, e[n]

n voulu venir au secours du prélat qu'il vénérait, et dont il
ait apprécier les intentions si pures, si avantageuses au
cèse, mais il ne le pouvait ; n'importe, le prélat ache-
un terrain dont la position ne laissait rien à désirer : un
cien presbytère, avec ses dépendances, était le seul bâ-
ment dont il pût tirer parti. Il y transféra tout de suite les
manistes, et s'occupa sans délai d'y construire le petit sé-
inaire actuel, édifice qui est maintenant un des ornements
la ville, et dans lequel il put réunir un nombre d'élèves
rapport avec les besoins du diocèse. Dieu bénit cette en-
eprise très-dispendieuse, pour laquelle d'ailleurs il fit
énormes sacrifices personnels. L'appel qu'il fit à la géné-
osité de ses diocésains fut merveilleusement accueilli, les
ourses lui furent ouvertes comme les cœurs, et toutes les
épenses d'acquisition et de construction furent acquittées à
nesure qu'elles se faisaient. Merveilleux effet de la bonne
ntelligence qui existait entre le premier pasteur et le
roupeau qui lui voyait donner l'exemple de la générosité
et du désintéressement.

L'œil vigilant du pasteur s'étendait à toutes les portions
du troupeau pour en connaître les besoins et prendre les
mesures convenables d'y satisfaire. Plusieurs communau-
tés religieuses s'étaient rétablies dans le diocèse, mais avec
si peu de ressources que plusieurs d'entr'elles n'avaient
repris qu'une partie de leur règle ; il crut qu'un article
essentiel à la régularité devait être rétabli sans délai pour
empêcher les abus qui ne pourraient manquer de s'intro-
duire à mesure que les anciennes religieuses, formées dans
des temps plus heureux à la pratique exacte de la règle,

viendraient à s'éteindre. Il ordonna donc la clôture
toutes les maisons qui y étaient astreintes par leur
et il put s'applaudir de cette mesure, qui produis
meilleurs effets et rendit plus heureuses celles q
étaient l'objet.

Le digne et vertueux Prélat s'occupait ainsi exclu
ment des besoins spirituels de son vaste diocèse d
visitait régulièrement une portion chaque année, a
nistrant le sacrement de confirmation, se communiq
à ses prêtres comme un père à ses enfants, leur don
des conseils pleins de sagesse et de prudence, lor
Charles X, arrivé au trône par la mort de son frère, s
pressa de l'élever à la dignité de la pairie. Cette faveu
monarque qui en aurait réjoui tant d'autres, qui a
peut-être même excité leur ambition, ne fit autre c
que l'attrister. Elle le mettait dans la nécessité de s'o
per de la politique, et il eût voulu y demeurer toute
vie étranger : elle l'exposait à priver son diocèse d'
partie de son temps, et il le lui avait consacré tout ent
Le respect profond, l'affection sincère qu'il avait pou
prince, dont il connaissait à fond la belle âme, lui fit f
un sacrifice pénible en le portant à accepter cette dign
Il ne s'en consola que par l'espoir de pouvoir défendre
besoin, avec plus de force et d'efficacité, les intérêts d
religion; l'occasion ne tarda pas à se présenter.

Les ennemis de la religion et du trône, voyant le scep
aux mains d'un prince franchement religieux, crurent q
tout était perdu pour eux, et qu'il allait accorder à ce
religion un appui qui renverserait leurs projets ; ils s'e

dirent donc pour entraver la marche de son gouvernement et lui susciter mille difficultés. Une éducation plus
chrétienne donnée à la jeunesse française, par des maîtres
aussi vertueux qu'habiles, préparait à la génération nouvelle un meilleur avenir; il fallut, à tout prix, étouffer ce
germe de bonheur qui déjà faisait trembler une philosophie
haineuse et impie: tout fut mis en œuvre pour cela, et on
arracha au prince, si sincèrement attaché à la foi de ses
pères, une mesure qui devait être aussi funeste à lui-même
qu'à la France, parce que, cette première concession faite,
il fallut qu'il en fît d'autres qui terminèrent par le rendre
victime de la félonie et de la trahison, et le précipitèrent du
trône que sa loyauté et ses vertus étaient si dignes d'occuper. Mais pour ne pas m'écarter de mon sujet, je dois à la
vérité de dire que dès que le projet qui concernait les petits
séminaires fut arrêté, l'épiscopat français se montra digne
de lui. Un grand nombre de prélats se rendirent à Paris,
se réunirent souvent, et rédigèrent une réclamation aussi
forte que respectueuse pour empêcher la mesure désas-
treuse dont étaient menacés ces établissements. Un prélat
complaisant avait été porté à la tête des affaires ecclésiastiques, les évêques réunis décidèrent que les observations
les plus sévères lui seraient faites au nom de tous, avec
menace de rompre avec lui, s'il ne soutenait pas les intérêts de la religion. Mgr d'Evreux fut chargé de cette mis-
sion délicate, il ne la déclina pas. Il fut trouver le ministre,
lui parla avec force de ses devoirs comme évêque, et lui
déclara que, sans vouloir le comparer en tout avec certain
archevêque qui, quarante ans auparavant, avait trahi les

intérêts de la religion, il était chargé de lui signifier
collègues dans l'épiscopat le traiteraient de la même m[anière]
qu'il l'avait été, et qu'ils n'auraient plus rien de co[mmun]
avec lui. Cet acte de courage n'empêcha pas le mal,
attendait, mais les évêques tinrent à leur parole.

Bientôt après arriva cette épouvantable catastroph[e qui]
renversa le trône, et envoya en exil toute une fami[lle de]
rois. Je dois me taire sur un malheur qui couvrit de[deuil]
toute la France; l'histoire viendra un jour en ré[véler]
toute l'étendue! De ce moment notre prélat, aussi a[ffligé]
qu'inquiet des suites qu'il pouvait avoir, se renferma [dans]
ses fonctions pastorales qu'il continua à remplir avec [une]
assiduité et un zèle vraiment admirables; il fit ses der[niers]
adieux au vertueux monarque dont la France n'était [pas]
digne, et qui venait de faire une si triste expérience de [cette]
vérité qu'il ne faut jamais transiger avec la trahison [et]
l'impiété. On le conduisait à petites journées au lieu de [son]
embarquement, il traversait une portion du dio[cèse]
d'Evreux et couchait à Verneuil, où Monseigneur se tr[ou]
vait alors: ce fut un vrai moment de bonheur pour [le]
monarque et le prélat de se trouver ensemble un inst[ant]
et de pouvoir s'ouvrir leur cœur; ils adorèrent l'un [et]
l'autre les desseins de la Providence, et se quittèrent p[our]
ne plus se revoir en ce monde.

De ce moment notre prélat renferma ses affectio[ns]
dans son cœur, et prit avec Dieu l'engagement de ne pl[us]
s'occuper que de son ministère, et de rester étranger a[ux]
choses passagères de ce monde; et vous savez s'il y f[ut]
fidèle. Dans le premier entretien qu'il eut avec le premi[er]

agistrat du département, après les changements qui rent lieu dans le nouvel ordre de choses, il lui fit sa ofession de foi la plus franche et la plus loyale. « Vous ne utez pas, lui dit-il, que mes affections sont pour toujours quises à la famille déchue, ma reconnaissance comme es principes m'en font un devoir; j'ai été comblé de ses enfaits, il y aurait de ma part la plus noire ingratitude jamais je les oubliais : mais je suis évêque, je me dois à on diocèse, et jamais vous ne me trouverez impliqué ans aucune intrigue. » Le magistrat lui répondit que la conconnaissance avait toujours été un devoir, que personne e pouvait raisonnablement blâmer les sentiments qu'il enait d'exprimer, qu'il les approuvait et qu'il se tenait ssuré que la plus parfaite harmonie régnerait entre les eux administrations; elle y régna en effet, et ce magistrat, insi que ses deux successeurs, ne purent lui refuser le ribut de leur respect, et s'empêcher de rendre justice à la agesse de sa conduite et de son administration.

Les évènements qui venaient de se passer avaient opéré un immense changement dans sa fortune; il avait perdu à la fois sa pension de pair de France, le supplément que lui votait chaque année le conseil général qui savait quel bon usage il en faisait, et de plus un tiers de son traitement : il était donc réduit à un modique revenu de 10,000 *francs*, pour soutenir sa maison, et faire face aux charges énormes qui pèsent sur un évêque qui se regarde comme le père de ses diocésains, et surtout des pauvres; il mit tout de suite la réforme la plus sévère dans sa maison, ne garda que les domestiques indispensables à son service, se

priva de chevaux, et il était septuagénaire ! une se[
ses dépenses ne souffrit aucune diminution, ses aun[
On conçoit à peine comment il y suffisait quand o[
qu'il poussait la délicatesse et le désintéressement ju[
ne pas vouloir prendre une obole sur les produits d[
secrétariat, que, dès son arrivée à Evreux, il avait cons[
aux besoins de son séminaire, et à soutenir des é[
pauvres qui ne pouvaient payer leur pension ; no[
prenait ces aumônes sur son modique revenu, et Dieu
les connaît, car il aimait beaucoup à les laisser igr[
aux hommes. Je puis en parler, j'étais honoré de sa [
fiance, et je puis et dois dire que jamais pauvre n[
refusé. Indépendamment des loyers qu'il payait, [
secours mensuels qu'il avait assurés à des vieillards et à[
infirmes, il faisait faire, chaque dimanche, une distribu[
à tous les pauvres qui se présentaient, quel qu'en fû[
nombre, et lorsque l'extinction de la mendicité fut déc[
par le conseil de la ville, il s'inscrivit sur la liste des s[
cripteurs pour une somme annuelle, à peine croyable, p[
quiconque connaissait ses charges nombreuses, ses m[
ques ressources, et n'aurait pas connu son grand cœur [
sa charité pour les membres souffrants de J.-C. Et n'a[
pas croire que la position gênée où il se trouvait réduit[
les privations qui en étaient le résultat, lui causassent [
cune tristesse ; non, il aimait alors à se rappeler le ten[
de l'exil où il n'avait d'autres ressources que le modi[
secours du gouvernement anglais, le schilling de l'émig[
tion, et il regardait ce temps comme le plus heureux de [
vie. Indépendamment des secours qui sortaient directem[

sa maison, il remettait secrètement des sommes considérables à des dames charitables qui aiment à s'occuper des œuvres, pour qu'elles en fissent la meilleure distribution possible aux personnes qui n'osent demander malgré les besoins qu'elles éprouvent; et quand elles ne venaient pas assez souvent recueillir les effets de sa charité, il les envoyait prier de le venir voir. Nous l'avons entendu plusieurs fois se plaindre de ce que le pasteur de la paroisse, qu'une sage discrétion empêchait de se faire solliciteur, ne lui demandait pas assez souvent de secours pour ses pauvres. Jusque sur son lit de douleur, et lorsqu'il ne lui restait presque plus rien pour la dépense de sa maison, il donna, on peut dire, ce qui lui restait pour subvenir aux premiers besoins des pauvres qu'une inondation venait de réduire à la plus extrême nécessité, et la somme qu'il donna dans cette circonstance dépassa celles qui furent données par les maisons les plus riches de la ville. Il avait bien compris cette parole des Saintes-Ecritures, qu'il est plus heureux de donner que de recevoir. Son testament mit le comble à ses charités, les pauvres n'y furent pas oubliés, et son séminaire y eut une large part.

Et pourtant, après tant de sacrifices faits, une chose lui tenait au cœur; il avait bien doté son diocèse d'un petit séminaire, mais cet établissement, pour lequel il avait déjà tant fait de sacrifices, n'avait pas de chapelle; il avait bien acheté à ses frais l'ancienne église de Saint-Aquilin qui y était contiguë, mais l'état de délabrement où elle était, depuis quarante ans qu'elle servait de grange, ne lui avait pas permis d'en entreprendre la restauration; il venait

d'ailleurs de perdre les deux tiers de sa fortune : il
donc passer plusieurs années de la sorte, et quand, à
de privations, il crut pouvoir achever et couronne
œuvre, il entreprit de la restaurer, et la mit en l'ét
elle est maintenant. Ce dernier sacrifice lui donna
bonheur parfait; le jour où il la rendit à sa première
tination, en y officiant pontificalement, le combla de
il aimait à nous dire qu'il avait été pour lui le plus heu
jour de son épiscopat, et nous avions peine à retenir
larmes en voyant ce pontife vénérable, dont la seule
sence inspirait le respect, offrir le redoutable sacri
interrompu depuis près d'un demi-siècle dans ce ter
élevé à la mémoire et sur le tombeau de l'un de ses
saints prédécesseurs, avec lequel il avait plus d'un trai
ressemblance. Comme lui, il était privé de la vue,
moins en partie, et cette infirmité si pénible, si gênar
qui le tenait dans une dépendance continuelle dep
quatorze ans, ne lui fit rien perdre de sa soumission e
sa résignation à la volonté de Dieu, et, à l'exception
ordinations qu'il ne pouvait plus faire, ne l'empêcha
de remplir les autres fonctions de son ministère, et ne
fit jamais interrompre ses visites pastorales ; jamais il
cessa de s'occuper des intérêts de son diocèse, dont tou
les affaires lui passaient par les mains. Deux fois
semaine il réunissait ses grands vicaires en conseil,
jamais il ne resta étranger à aucune partie de son adm
nistration, dont il se faisait rendre le compte le plus détail
même pendant les vacances qu'il prenait chaque ann
dans sa famille dont il faisait le bonheur, et on peut di

...c assurance, et sans crainte d'être démenti, que son ...ministration vraiment paternelle fut toujours dirigée ...la sagesse et la prudence les plus éclairées. Il avait ...r maxime, et il le répétait souvent, que le mieux était ...nemi du bien, et voilà ce qui le faisait agir avec pré-
...tion, et une certaine lenteur dans la réforme des ...us qui lui étaient signalés ; cependant il en corrigea un ...and nombre, mais il le faisait sans bruit, et jamais il ...prouva de résistances aux mesures qu'il crut devoir ...endre pour l'honneur de la religion et l'avantage de ...a clergé.

Lorsqu'il arriva à Evreux, l'usage des retraites pastorales ...y existait pas ; il s'empressa de les établir, et chaque ...née il réunissait dans son grand séminaire tout ce qu'il ...uvait y loger de prêtres, il s'y renfermait avec eux ...ndant huit jours, les édifiait par sa régularité aux ...ercices les plus pénibles pour un vieillard de son âge, se ...mmuniquait à eux avec bonté, écoutait leurs consultations, ... répondait avec précision, et les renvoyait heureux dans ...urs paroisses. Il ne manqua pas une seule année à pré-
...ider ces saintes retraites auxquelles sa présence, sa régu-
...arité et son recueillement étaient si utiles.

La gravité de son maintien, la dignité, on pourrait dire ...a majesté avec laquelle il remplissait ses fonctions, surtout ...orsqu'il officiait pontificalement, le recueillement et le ...ilence avec lesquels il assistait aux offices du chapitre dans ...a chaire épiscopale, le faisaient admirer de tous ceux qui ...e voyaient; il eût été difficile de trouver un prélat dont la

seule vue inspirât plus de vénération et portât [
Dieu.

Tel était le digne pontife dont se glorifiait l'[
d'Evreux, lorsqu'un petit mal de jambe auquel il [
pas attention dans l'origine, parce qu'il paraissait [
gnifiant, vint mettre l'alarme dans le diocèse. Le c[
le révérait comme un père ; son administration si sa[
prudente, le lui avait singulièrement attaché : la prer[
nouvelle de la gravité de son état fut un coup de foud[
pendant les trois mois qui s'écoulèrent du jour où il g[
son appartement jusqu'à celui de sa mort, il est vra[
dire que prêtres et fidèles ne cessèrent de lever les m[
vers le ciel pour détourner le malheur dont ils étaient [
nacés. Mais l'arrêt en était porté, et si la Providenc[
différa l'exécution pendant ce temps, c'est qu'elle vo[
nous donner, dans la conduite du guide que nous al[
perdre, des exemples admirables de vertus dont le ge[
conservé dans son cœur allait se développer d'une maniè[
frappante. En effet, il est impossible d'avoir sous les y[
pendant trois mois, un spectacle plus édifiant de foi,[
soumission respectueuse à la volonté de Dieu, de résigna[
dans ses souffrances, que celui qu'il nous a donné ; n[
avions le bonheur d'être auprès de lui tout le jour, et souv[
une grande partie de la nuit, et jamais nous ne lui av[
entendu articuler ni murmures ni plaintes. Souven[
demeurait en silence et s'entretenait intérieurement a[
Dieu, et lorsque des douleurs plus vives, occasionnées [
quelque opération, se faisaient sentir, il s'écriait avec [
sentiment de foi qui souvent a fait couler nos larm[

—*mine, hic ure, hic seca, modò in æternum parcas* (¹).
...ssi, lorsqu'il pouvait encore recevoir les membres du ...rgé ou quelques personnes pieuses de la ville, il ne ...anquait jamais de leur recommander de prier pour lui, ...de leur dire : « Ce n'est pas ma guérison que je désire et ...e je vous prie de demander, que m'importe deux ou trois ...nées que je pourrais peut-être encore espérer? mais priez ...ieu de me donner une grande soumission à sa volonté. » ...t ces sentiments n'éprouvèrent pas la moindre altération. ...a soumission calme et modeste portait l'empreinte de la ...ertu qui le rendait toujours défiant de lui-même.

Tous les jours il entendait la sainte messe avec un recueillement admirable, souvent il y recevait N. S., et quatre jours seulement avant sa mort il se fit lever encore à minuit pour jouir de cette double consolation. L'avant-veille de ce jour si amer pour nous, si funeste pour le diocèse, il put encore entendre la messe et communier en viatique, et dans les courts intervalles que lui laissait le délire avant-coureur de sa mort, il nous demandait de lui parler de Dieu, de ne le pas perdre de vue et de lui aider à soutenir le dernier combat.

C'est dans ces dispositions de foi et d'admirable soumission à la volonté de Dieu qui ne s'effaceront jamais de notre mémoire, et dont le souvenir, au bout d'un an, fait encore couler nos larmes, qu'il nous donna sa dernière bénédiction, ainsi qu'à ceux qui l'entouraient et à tous ceux qui

---

(¹) Seigneur, brûlez, coupez ici-bas, pourvu que vous m'épargniez dans l'éternité. *Saint Aug.*

lui étaient chers, et que peu de temps après il ren[d]
âme à Dieu qui l'avait si bien purifiée, et rendue[digne]
d'être reçue dans son sein paternel. C'était le jeudi
8 avril 1841, à quatre heures du matin ; il avait p[assé]
quatre-vingts ans.

Dieu veuille, dans son infinie miséricorde, que [tant]
d'exemples de vertus si pures, et aussi solides que mod[estes]
ne s'effacent jamais de notre mémoire ! que la pens[ée des]
bontés, de l'affection et de la confiance dont il nous h[onorait]
constamment nous soit toujours présente ; elle nous
tiendra dans les voies de la vertu, elle nous consolera [dans]
les afflictions de la vie présente, et nous fera trav[ailler]
avec courage à mériter de lui être réuni un jour da[ns le]
sein de Dieu.

AMEN.

D.

5 *avril* 1842.

www.ingramcontent.com/pod-product-compliance
Lightning Source LLC
Chambersburg PA
CBHW060609050426
42451CB00011B/2162